LA FEMME

EST

LA FAMILLE.

Par Mᵐᵉ C. A. C.

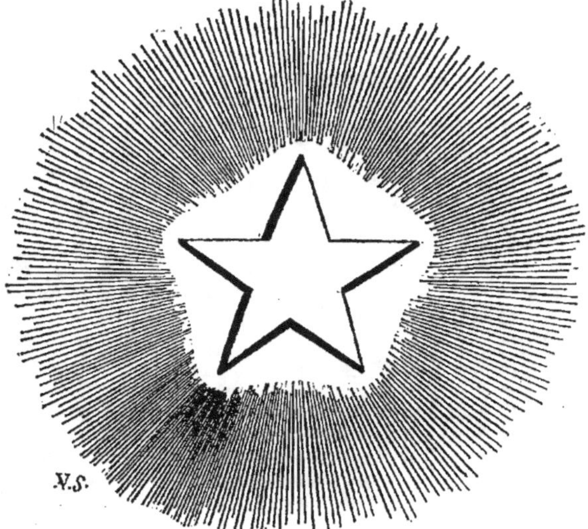

PARIS

CHEZ GAUTIER, RUE NEUVE-SAINT-EUSTACHE, 36;

ET CHEZ TOUS LES MARCHANDS DE NOUVEAUTÉS.

1834

La Femme

EST

LA FAMILLE.

PAR Mme E. A. C...

Enfans de six mille ans, qu'un peu de bruit étonne,
Ne vous troublez donc pas d'un mot nouveau qui tonne,
D'un empire ébranlé, d'un siècle qui s'en va.
Que vous font les débris qui jonchent la carrière ?
Regardez en avant, et non pas en arrière :
   Le courant roule à Jéhova.

LAMARTINE.

PARIS

CHEZ GAUTIER, RUE NEUVE-SAINT-EUSTACHE, 36;
ET CHEZ TOUS LES MARCHANDS DE NOUVEAUTÉS.

1834

Imprimerie de Henri Dupuy, rue de la Monnaie, 11.

AUX FEMMES.

Femmes ! mes compagnes de douleurs et mes amies, ce n'est point pour vous convier à une indigne révolte que j'élève la voix : loin de nous la vengeance et l'abus de la victoire ! Mais réclamons nos droits : qu'une sainte insurrection nous les fasse conquérir. Assez long-temps nos fronts ont été flétris par l'esclavage, nos corps stigmatisés par le travail ; il est temps que le règne de la force fasse place à celui de la justice.

Je sais qu'un petit nombre d'entre vous se trouvant agréablement placées dans la société, soit par leur fortune, soit par les considérations attachées à leur titre d'épouse, refuseront mon appel, le trouveront même absurde : qu'importe ! Je n'écris pas pour celles-là, qu'elles m'ignorent : d'ailleurs leur nombre est si petit, qu'il ne saurait être compté dans le vaste champ social. Je m'adresse aux généralités ; et bien qu'encore là, une parole de liberté ne pourra être immédiatement comprise, je ne recule pas devant mon œuvre, persuadée que bientôt toutes seconderont mes efforts.

J'entre en matière.

Moitié du genre humain, quel rôle sommes-nous appelées à remplir dans la vie, et voyons quelle est la place que la force brutale de l'homme nous a assignée?

Dans l'ordre civil et moral, dont le rempart devrait abriter notre faiblesse et lui servir d'appui, ne sommes-nous pas dans une permanente minorité? A celle réelle de notre enfance succède la minorité à l'état d'adulte, pendant laquelle on nous impose plutôt que nous ne choisissons l'époux qui doit être notre *maître inamovible*. Et c'est là, dans la famille, sous la tutelle immédiate de l'époux, que nous attend la plus rude des minorités; elle s'étend à toutes les actions de la vie.

Chargées par la nature du soin de la reproduction, quel honneur nous en laisse-t-on? A peine le fruit de nos entrailles a-t-il jeté le premier cri, qu'un maître s'en empare et lui impose

son nom : certain ou non certain de sa paternité, c'est son enfant; et quoiqu'il ne lui ait
coûté qu'un moment de plaisir, et qu'en s'in-
terrogeant, il ne sache pas trop consciencieu-
sement comment cela s'est fait, il n'importe;
c'est sa propriété, il y met son cachet : soit glo-
rieux ou flétrissant, il l'impose à la faible créa-
ture : quant à la mère, c'est-à-dire celui des
deux individus qui a joué le plus grand rôle
dans le drame, et dont la péripétie a failli lui
coûter la vie, la mère est oubliée! Ce n'est que
par pure forme qu'un acte de l'état civil enre-
gistre son nom *après* celui du père : au cas
d'héritage seulement, l'enfant saura le faire va-
loir; mais hors ce besoin, il sera oublié avant la
seconde génération.

En effet, comment cela pourrait-il être au-
trement? L'épouse n'est-elle pas elle-même la
propriété de l'époux, et l'hymen ne l'a-t-il pas
marquée de son nom? Le sien, ou celui de sa
mère, il n'en est plus question : à peine daigne-
t-on se ressouvenir de celui de son père, qui

s'efface pour faire place à celui du nouveau propriétaire.

Or, si cela se passe ainsi à l'état moral du mariage, que sera-ce donc dans l'état anormal de non mariage?

Là, l'homme ne voulant pas épouser la femme qui l'a distingué par une preuve irrécusable d'amour, parce que l'amour, chez lui, n'est point une effusion du cœur pour la plupart du temps, mais seulement l'exaltation exagérée des sens, dont il use sans retenue ; l'homme, dis-je, ne voulant pas épouser, ne veut pas non plus se charger des frais que nécessite la paternité. Il en laisse tout le fardeau à la femme, qui, dans sa position délicate, est obligée de travailler pour subvenir aux besoins de sa propre subsistance et à celle de ses enfans.

Ne croyez pas que cette classe soit la moins nombreuse : tous les relevés statistiques, en France, portent le nombre des enfans illégitimes à UN sur TROIS.

Jugez à combien de mères on arrache le cœur ou on le déprave en faussant la nature.

Les unes, par misère, sont forcées aux douloureux sacrifices de l'abandon; les autres se résignent à supporter le fardeau des besoins journaliers, à se déshonorer et laisser déshonorer leur enfant, qu'on flétrit du nom de bâtard.

Il est vrai qu'alors il porte le nom de sa mère; mais l'acte de l'état civil, en inscrivant *père inconnu*, frappe le nouveau-né d'une tache indélébile.

Bâtard!... réprouvé, lui, l'enfant qui fut bercé pendant neuf mois dans le sein de sa mère! lui qu'elle accueillit, au milieu des souffrances les plus atroces, de sa bénédiction maternelle! lui, bâtard!...

Hommes, vous blasphémez; quel orgueil insensé vous aveugle!

Dites-moi : quand vous récoltez vos céréales, vous informez-vous quel est le grain qui produisit l'épi? Non : vous restez muets devant ce grand mystère, et vous vous rappelez à peine d'avoir un instant servi d'agent à la reproduction.

C'est la nature qui fit le travail, qui réchauffa

le germe, le fertilisa, et, enfin, enfanta ; vous ne sauriez revendiquer l'œuvre.

Cessez donc aussi d'établir sur nos fils vos injustes et cruelles prétentions : l'honneur de votre népotisme nous importune, et votre omnipotence s'est souvent abusée.

La femme est la famille.

L'enfant doit porter son nom.

La certitude EST *où nul doute n'existe,* et le fruit doit porter le nom de l'arbre qui lui donna la vie, non celui du jardinier qui y greffa le bourgeon.

La fécondité est sainte.

La femme est marquée du sceau de Dieu, et sa tâche, sur la terre, est la reproduction de l'espèce humaine.

Les hommes de l'antiquité avaient entrevu cette grande vérité, lorsque, sur un fait seulement, ils commencèrent à constituer la famille par la mère : « *Jésus, fils de Marie,* » non de Joseph. Le Saint-Esprit que, plus tard, on nous montra sous la forme d'une colombe, symbole de l'amour, lui incarna le Verbe, ce qui signifie que l'époux devait ignorer le saint mystère de la création, *qui n'est que dans le sein de Dieu*.

Cette constitution de la famille n'eut pas de suite, et ce fut à tort, car à cette base doivent se rattacher toutes les considérations qui en dérivent : l'établissement de nos droits et la franchise des autres charges.

Par exemple, une femme devrait-elle être tenue de pourvoir à sa subsistance et à celle de ses enfans ?

Lorsque la société l'a parquée dans un recoin étroit où elle peut à peine se mouvoir, où toutes professions tant soit peu lucratives lui sont interdites, où une éducation insuffisante n'a pu aider aux développemens des facultés intelligentes que la nature lui avait départies, n'y a-t-il pas barbarie à la condamner au travail ?

L'État ne lui devrait-il pas plutôt appui, secours et protection ?

Ne devrait-il pas *lui payer un tribut* qui la défraierait de ses besoins journaliers ?

Ridicule arrangement de ces codes qu'on

nous dit moraux , qui ne considèrent la femme pour rien dans l'État et dans la famille, et qui lui imposent des charges à soutenir, du travail à exécuter, *des impôts à payer!* « La femme est mineure, » dit textuellement la loi; et sa minorité est grevée de taxes de tout genre, comme si elle n'avait pas assez de ses infirmités originelles! *Taillable* et *corvéable* à merci, elle partage avec l'homme la misère de toutes les conditions : elle est la *subordonnée des subordonnés*, et les lois qu'elle n'a pas été appelée à formuler pèsent sur elle de tout le poids de leurs crampons de fer.

Femmes, réfléchissez-y; la place n'est pas tenable! Que votre faiblesse physique ne soit plus un obstacle à demander un compte-rendu du lot qu'on nous a fait; qu'elle soit au contraire vos titres à l'obtention d'un nouveau rôle; votre essence est d'aimer et d'être aimées; mais vous avez aussi à inspirer aux hommes de quelle manière vous voulez être aimées.

Pourrait-on m'objecter qu'il en est ainsi, et que les femmes ne sont que trop les souveraines des hommes. Oui, pour quelques-unes, je le répète, qui, privilégiées du sort, s'entendent entre elles, et s'apprennent à dédaigner les autres femmes, afin qu'étant méprisées, elles n'osent élever la voix. En sorte que la position de ces pauvres ilotes de la société se trouve encore aggravée par les mépris des femmes dites *comme il faut*.

Mères et tenues à des soins particuliers, on les livre aux rigueurs des besoins journaliers.

Plus tard, c'est encore elles qui fournissent le plus affreux des impôts: *des soldats à l'État*.

Sans pitié pour leurs larmes, pour les besoins de leur vieillesse, on leur arrache leurs fils, auxquels on ne donne pour première et dernière éducation que celle de leur apprendre à s'égorger entre eux sur un autel fictif: celui de la patrie! Comme si l'univers n'était pas la seule patrie de l'homme!—Si les sens en posent la démarcation à la terre qu'il habite, son intelligence lui en fait encore dépasser la frontière, et lui laisse entrevoir au-delà une amélioration plus grande dans une vie future!

Mères, n'avez-vous pas assez souffert pour élever vos enfans? Opposez-vous donc à ces hécatombes humaines, les siècles à venir vous en béniront! Faites comprendre aux hommes qu'ils doivent s'aimer entre eux et non s'entre-déchirer.

Nous condamner plus long-temps au rôle passif de la résignation, c'est PERPÉTUER *le malheur de l'un et de l'autre sexe :* car, certes, l'homme ne saurait être heureux du reflet de nos souffrances, ou du travail forcé qu'il est dans l'obligation de supporter, lui simple membre de la société, lorsque, chargé d'une nombreuse famille, les taxes de l'Etat viennent encore peser sur lui et paralyser ses efforts : souvent accablé d'impôts, il ne jouit pas de plus de considération que le lâche célibataire qui vit en égoïste et ne s'occupe que de sa personne.

De-là vient que beaucoup d'hommes préfèrent appartenir à cette dernière classe que de s'exposer à toutes sortes de tribulations en devenant pères de famille.

De-là vient par suite tant de filles abusées,

tant d'enfans sans appui, qui, livrés au gré du sort, rendent plus tard à la société misère pour misère, et la punissent par leurs vices de l'abandon qu'elle fit d'eux. Ils peuplent nos prisons, nos bagnes en regorgent, les échafauds en sont ensanglantés.... O malheur! malheur!!! Oui, le crime d'UN est la suite du crime DE TOUS!

Sachons donc porter le scalpel dans cette vieille et hideuse plaie; sachons, nous aussi, fonder une constitution.

J'appelle toutes les femmes à méditer sur cette sainte fédération.

Je dis *toutes*, sans en excepter ces malheureuses dont le corps est livré à la dégradante prostitution; qu'elles disent, elles aussi, leurs souffrances et leurs besoins. Hélas! je ne pressens que trop leurs angoisses journalières! Pauvres créatures tombées dans l'ignominie, parce que la société ne sut pas leur accorder une place dans son sein, ou parce que leur organisation forte, n'ayant pas été comprise, fut réprouvée au lieu d'être dirigée vers un meilleur but!...

Les filles publiques ! Quel sujet de graves méditations ! Et des siècles se sont écoulés, et puis encore des siècles, sans que les philosophes amis de l'humanité aient rien trouvé au rachat de cette triste condition. L'apogée de leur science devait-elle donc se borner à dire : *C'est nécessaire ?*... La gangrène des membres a gagné le cœur : toute la société a souffert, et le temps a démontré que *Dieu* ne pouvait se méprendre dans son œuvre ; *que tout est bien ;* qu'il ne s'agit que de changer la forme pour que le fond soit sanctifié.

La fille publique est nécessaire, nous dit-on. Pourquoi donc n'est-elle pas respectée ? Si toute chose indispensable est sacrée, *à priori* un être doué de beauté et d'amour, un être qui fait oublier un instant les douleurs physiques et morales, et plonge dans un ravissement dont l'extase est céleste, cet être est sacré et ne peut inspirer du mépris : loin de le conspuer, on lui devrait un culte particulier.

La fille publique d'aujourd'hui est méprisée parce qu'elle est véritablement méprisable ;

parce que, sans amour, elle livre son corps et vend ses caresses au tarif et à l'enchère. Mais si, au lieu de ce métier avilissant, elle avait un rang dans la société; si au lieu d'être pressée par le besoin, elle était dégagée de tous soins domestiques et journaliers; si une éducation avait formé son jugement, orné son esprit, elle pourrait alors se livrer à toute l'ardeur de son cœur et de son tempérament : sa fonction serait sainte, sa mission vraiment utile; car elle serait le refuge des affligés; elle donnerait satisfaction à ces hommes à l'imagination exubérante, auxquels il faut des émotions qui répondent à leurs émotions.

Le nombre des filles publiques ne s'en augmenterait pas pour cela : toutes les femmes ne pouvant être convenables à une telle spécialité. La nature n'étant pas prodigue de ces organisations de feu, il est certain qu'on verrait moins de filles que de nos jours, où la plupart d'entre elles ne sont conduites à ce vil manége, ni par leur tempérament, ni par leur cœur, mais seulement par le motif des besoins, ou par une

première faute qui les fit repousser de la famille, et ne leur laissa d'autre asile ouvert que
ces repaires du vice.

A ce propos, je citerai ce que je répondais il
y a quelques jours à l'auteur d'un article de
journal, qui se plaignait de ce qu'on réclamait
pour les femmes trop de liberté, et qui préten-
dait, après nous avoir tournées en ridicule,
que cette philosophie novatrice nous apprêtait
de nouvelles souffrances, sans pouvoir en rien
améliorer notre sort ; je m'exprimais ainsi :

« Vous dites que ces réclamations nous attachent déjà aux gémonies sociales? Et qui est-ce
qui nous y traîne, si ce n'est vous? Qui est-ce
qui, abusant de l'innocence de la plupart des
femmes ou d'un naturel trop exalté, les séduit,
les abuse par de fallacieuses promesses, et leur
crache ensuite au visage en les jetant à la voi-
rie du coin de la rue? N'est-ce pas vous? Quoi!
votre souffle est-il si infect, qu'il ait si tôt terni
la rose? Quoi! vos baisers souillent à ce point
qu'ils rendent hideux l'objet que vous avez
touché! Ah! je comprends maintenant pour-

quoi la femme n'ose jamais avouer qu'elle a eu l'hommage de votre amour ! Vous l'avez souillée par votre contact. Honteuse, elle se cache et voudrait pouvoir se fuir elle-même : elle n'est plus digne d'être l'épouse de nul de vous. Pitié ! pitié pour elle ! le lépreux l'a touchée ! la malheureuse erre à l'abandon ; son haleine, à elle aussi, est devenue infecte, le poison du scandale corrode ses nerfs, il déchire ses veines... elle vomit corruption pour corruption... Quoi ! tant d'ignominies ont payé son amour si pur, si chaste ! Sa tunique d'azur a disparu et fait place à l'ignoble vêtement de la prostituée !... Elle eût été pourtant bonne épouse et tendre mère ; la nature avait formé son ame de son plus pur éther. Il le savait bien le misérable qui reçut son premier souffle d'amour en échange de sa sale luxure, puisqu'il s'en glorifia, et s'en servit aussitôt de trophée à de nouveaux triomphes.

» Ah ! je comprends encore ! L'amour de la femme ennoblit tout ce qu'il touche : celui de l'homme salit ! »

Faisant ici un retour des effets sur les causes qui les produisent, je m'écriais :

« Enfans de Dieu, cela n'est pas possible ! Un faux raisonnement vous égare ; vos lois sociales faussent la nature ; ouvrez les yeux à la vraie lumière !

» Vous fûtes faits l'un de l'autre et l'un pour l'autre : cessez donc cet antagonisme révoltant.

» *Que l'homme respecte le choix de la femme !*

» QU'ELLE SOIT LA FAMILLE, *puisqu'elle est l'image de la fécondité de la terre, qui fertilise le germe et lui donne la vie.* »

Puis, jetant un regard investigateur dans l'avenir, j'ajoutais :

« Femme, réjouis-toi ! Ton corps ne sera plus souillé par nul stigmate avilissant ; ton front ne sera plus ridé par le travail et les soucis que nécessitent tes besoins journaliers.

» L'homme a senti ton rang.

» Ta tâche sera douce.

» Il te fera hommage de son labeur, et tu t'honoreras de son amour.

» Tu ne rougiras plus de ta fécondité : elle ne sera plus pour lui une calamité ; elle deviendra au contraire le gage de ta sainteté et l'anneau d'attraction entre vous deux.

» Tous tes besoins seront prévus par *le tribut de la mère*.

» Tes jeunes charmes ne seront plus comptés pour rien dans ton union conjugale, et la fille des rois et celle du travailleur ne seront plus pesées au marc de l'or [1].

» Regarde ta bannière, elle porte : *grâce, douceur, amour* et *ordre*. N'est-ce donc pas assez pour ta dot, et te faut-il d'autres trésors pour acquérir un époux ?

» Ton *hymen* devra être *temporaire*, afin que la facilité de le renouveler augmente le bonheur des deux conjoints.

» Heureuse reine, viens partager le règne dans le foyer domestique, dans le palais et

[1] Il y a peu de jours qu'une jeune et belle princesse a eu l'affront d'un refus, sa dot n'étant pas assez considérable.

dans le temple. Sois la prêtresse attachée au culte des autels ; *Dieu* ne dédaignera pas la suavité de tes paroles.

» Sois l'ange inspirateur des peuples, de ton époux, de tes enfans ; pare-les des vertus dont ton ame surabonde.

» Femme, tu seras belle alors ; les diamans ne relèveront pas seuls l'éclat de tes yeux : le bonheur ! le bonheur leur donnera une expression nouvelle.

» Le cachemire pourra parer ta taille sans être le fruit de la séduction ; car tous les hommes, considérant toutes les femmes comme leurs mères et leurs sœurs, prendront plaisir à les parer de leurs dons, sans qu'ils y attachent le même prix que de nos jours.

» Ange de paix et d'amour, reçois la couronne due à ta patience : tu l'as bien méritée par tes innombrables souffrances.

» Mais aux premières lueurs de ce nouvel horizon, garde-toi, en traitant d'égal à égal avec ton ancien maître, de lutter avec lui de débordemens et de licence : sois toujours digne et chaste, ce doit être là ta supériorité. Ne sois jamais l'esclave révolté qui compte ses blessures, et calcule sa vengeance. D'ailleurs le saurais-tu? non! Ton rôle c'est d'aimer, puisque l'amour est ton essence : présente donc la coupe d'ambroisie couronnée de roses ; que le vaincu bénisse ta victoire, et qu'au jour de la nouvelle alliance l'arc-en-ciel vous trouve confondus dans une même effusion. »

C'est ainsi que je m'exprimais, et que je m'exprime encore ici, *moi, femme ;* promettant, au nom *des femmes,* un bonheur jusqu'à ce jour inconnu aux uns et aux autres ; car, je le répète, l'homme ne doit être que malheureux de la place qu'il nous a faite : sa félonie envers Dieu, qui lui donna la force en partage, est devenue un point incessant qui l'oppresse, sans qu'il sache d'où lui vient ce malaise. Il s'agite en tous sens, réclamant de ses chefs l'intrônisation de la liberté sur la terre. La liberté ! quelle illusion? Pourrait-il l'atteindre tant qu'il nous retient dans ses fers? Tant qu'il use tous ses moyens à former une garnison sans cesse compromise dans une citadelle sans remparts, et d'où les prisonniers ont su se donner des ailes?

Que veut-il donc ce poëte acerbe, dans son orgie de rois, avec sa crânée de sang humain! Quel affreux cauchemar abuse sa pensée! Il réclame la liberté, et pour qui? Pour lui, homme; toujours pour lui!....

L'homme aussi est donc mécontent des lois qu'il s'est données! Il arme sans cesse des milices d'hommes pour tenter une mensongère conquête: tout avorte en ses mains! Semblable à ces lichens vénéneux que le moindre contact fait tomber en poussière, et qui ne laissent après eux que poison et déception?

A la femme seule appartient l'avenir et le bonheur de l'avenir.

Ce n'est plus une révolution armée qu'attend l'humanité : c'est de l'amour, de l'union, et du travail par l'union et par l'amour.

Puissent les pavés de nos rues être à jamais rivés en terre! Puisse la révolution être morale et sans violence! Le progrès par la conviction est le seul éclatant et durable.

Hommes, notre faiblesse fut notre plus puissant titre à votre appui; vous l'avez méprisée, et ne lui avez accordé que despotisme et tyrannie.

Ainsi que vous avez dompté tous les animaux par votre force et votre adresse, vous avez aussi assujetti la femme à tous vos caprices. Vous avez dit : « Elle sera la subalterne dans le foyer domestique lorsque nous lui ferons l'honneur de l'y admettre; » mais vous avez été punis : n'imputez qu'à vous tous vos malheurs. — Insensés, vous avez préféré notre crainte à notre amour, et vous n'avez pas senti le besoin d'être aimés pour vous seuls. — Vous vous êtes ainsi privés du plus pur nectar de la vie, de cette essence divine qui compense la mort et la fait surgir de son lit de boue, belle et radieuse comme un jour de printemps ! — Ah ! si jamais vous appréciez le bonheur d'inspirer de l'amour, vous serez jaloux qu'il soit aussi pur qu'au jour où, né du souffle de Dieu, il s'étendit sur toute la création !

Femmes, entendez mon appel !

Si je ne puis encore vous faire connaître celle qui vous l'adresse, c'est que DIEU veut que cette voix soit dans l'air, que vous la respiriez avec la vie ; qu'elle frappe sans cesse vos oreilles, vous réchauffe et vous exalte à réclamer toutes individuellement et toutes collectivement nos *droits civils et politiques*.

Méditez ces quelques lignes, tracées par une plume inhabile, il est vrai ; mais échappées d'un cœur brûlant.

Réfléchissez *à ce que vous êtes* et à ce que vous *devriez* et POUVEZ ÊTRE.

27 juillet.

N. B. Dans une autre brochure que je publierai incessamment, je développerai quelques idées d'économie politique propres à la réalisation du *tribut de la mère*, et aux bienfaits qui en résulteront pour l'humanité entière.

www.ingramcontent.com/pod-product-compliance
Lightning Source LLC
LaVergne TN
LVHW020502060726
842525LV00005B/1856